Homöopathie und
Möglichkeitenraum

Maria Cura

Homöopathie und Möglichkeitenraum

Sehr freie Spekulationen
über das Phänomen Homöopathie

Auszüge aus dem Buch
"Möglichkeitenraum"

Bibliografische Information der Deutschen Nationalbibliothek: Die Deutsche Nationalbibliothek verzeichnet diese Publikation in der Deutschen Nationalbibliografie; detaillierte bibliografische Daten sind im Internet über http://dnb.dnb.de abrufbar.

Herstellung und Verlag:
BoD – Books on Demand, Norderstedt

ISBN: 9783744890687

Das Titelbild (Ausschnitt) wurde von Maria Cura
mit 16 Jahren gemalt und trägt den Titel:
"Lebendiger Vorstoß ins Nichts"

Für meine Familie

Inhaltsverzeichnis

Vorwort 2017

Die folgenden Texte sind dem Buch "Möglichkeitenraum" entnommen und wurden im Jahre 2000 geschrieben.

Hier vorab ein paar kurze Erklärungen der für dieses Thema hier wichtigsten theoretischen Gesichtspunkte der Sein-Möglichkeitenraum-Theorie.

Immer dort, wo es etwas (einen Gegenstand, ein Lebewesen, eine Organisation, eine Idee - was auch immer) mit bestimmten Eigenschaften gibt, dort ist etwas aus den vielen offenen Möglichkeiten heraus festgelegt worden. Ist ein Gegenstand rot lackiert, so ist er eben nicht blau, nicht grün, nicht gelb usw. Diese anderen Farben bestehen aber immer noch als Möglichkeit, vorausgesetzt es gibt Wege, den Gegenstand neu mit einer anderen Farbe zu lackieren.

Aber im Moment ist er rot, es ist eine Seinseigenschaft von ihm. Und alle anderen Farben sind Nicht-Sein, sind derzeit nicht verwirklicht.

Die Eigenschaften z.B. eines Gegenstandes sind mehr oder weniger festgelegt. Aber gleichzeitig existieren unzählig viele Eigenschaften, die der Gegenstand nicht besitzt. Sie sind offene Möglichkeiten im Möglichkeitenraum. Der Möglichkeitenraum enthält sowohl die seienden Eigenschaften (als verwirklichte Möglichkeiten) als auch die nicht-

seienden Eigenschaften (als derzeit nicht verwirklichte Möglichkeiten).

Starrheit entsteht, wo Eigenschaften bei Bedarf nicht mehr gewandelt werden können, neue Möglichkeiten grundsätzlich ausgeschlossen werden (dies gilt für Menschen ebenso wie für Gegenstände, Ideen oder Organisationen usw.). Starrheit kann zwar stark wirken, ist aber in Gefahr, bei größerem Veränderungsdruck zu zerbrechen.

So kann durch Erstarrung auch Krankheit entstehen (auf den verschiedensten Ebenen).

Wenn es nun ein Mittel gäbe, das bei Krankheiten wirkt, die durch Erstarrung oder Fixierung auf bestimmte Eigenschaften oder Vorgehensweisen entstehen (dies kann auch körperliche Prozesse betreffen, wenn der Körper starr stets gleich auf unvorteilhafte Weise arbeitet oder reagiert), wenn ein solches Mittel für andere Möglichkeiten des Handelns, Funktionierens oder Reagierens aufgeschlossen machen könnte (auch auf seelischer oder körperlicher unbewußter Ebene), dann könnte dies eine Veränderung zum Positiven, in Richtung Heilung, bewirken.

Kann ein Milchzuckerkügelchen so etwas Tiefgreifendes bewirken? Und wie kommt es dazu, eine solche Infor-mation zu vermitteln?

Hier wird nicht beschrieben, auf welche Weise solch eine

8

Information im Patienten aufgenommen wird (Wellen, Energieen, oder was auch immer) - hier gibt es vielleicht Prozesse, von denen wir noch nichts ahnen (so wie wir im Weltraum die dunkle Materie noch nicht verstehen). Aber es wird eine Theorie vorgestellt, die zeigt, wie ein Milchzuckerkügelchen komplementäre Information durch erneut wiederholte Verdünnung (Verreiben, Verschütteln) aufbauen und verstärken könnte.

Materie, so meinen wir wohl oft, ist blind und taub und "gefühllos". Aber ganz richtig ist das nicht, denn Materie reagiert ja auf die Umgebung (z.B. auf Stoß, auf Magnetismus, auf Strahlung, sie bewahrt Bewegungsenergie, hält sich an eine Richtung usw.: spielt da nicht auch Information eine Rolle – Information auf dem Weg der Naturgesetze?). Ich halte es für denkbar, dass es noch manche Informationsvermittlung und Informationsspeicherung gibt, von der wir noch gar nichts wissen. Schließlich hätte vor 200 Jahren auch kein Mensch geglaubt, dass es Radiowellen oder Ultraschall und noch so vieles anderes gibt. Daher halte ich es nicht für ausgeschlossen, dass Milchzucker-Globuli, die gar keine Substanz des ursprünglichen Heilmittels mehr in sich tragen, trotzdem auf dem Wege der Information komplementär etwas von der Substanz des Heilmittels weitertragen und damit wirken können.

Nach der hier entwickelten Theorie, könnten homöopathisch potenzierte Substanzen durch Inforrmation über das, was nicht ist - aber sein könnte - also über den offenen

Möglichkeitenraum des "Nicht-Seins", "die Augen öffnen" für das Erkennen von Möglichkeiten, für die der Geist oder der Körper jeweils blind geworden sind.

Wie die Kette des Information-Aufnehmens in der Substanz durch Verschütteln oder Verreiben mit einer verdünnenden Substanz geschehen könnte, das wird weiter unten thematisiert. Dass die Theorie dazu sehr spekulativ ist, dessen ist sich die Autorin bewusst. Aber sind es nicht manchmal gerade die ungewöhnlichen Überlegungen, die Wege für ganz neue Sichtweisen eröffnen? Urteilen Sie selbst. Die Überlegungen können auch gerne weitergedacht und in neue Vorstellungsräume eingebracht werden.

Maria Cura, im Oktober 2017

Homöopathie und Nicht-Sein. Ein noch vorsichtiger Vorschlag zu neuen Gedanken

Homöopathie und Nicht-Sein

Die Homöopathie war und ist eine der erstaunlichsten Erfahrungen in meinem Leben. Seit drei Jahren *(im Jahr 2000)* interessiere ich mich sehr für sie (auch wenn ich selbst keine praktizierende Heilpraktikerin bin), und ich kann inzwischen die Wirksamkeit dieser Heilmittel nicht mehr abstreiten. Zu deutlich waren die Erfahrungen. Da ich aber immer nach den Grundsätzen in unserer Welt frage, konnte ich das nicht einfach so hinnehmen, denn die Homöopathie widerspricht mit ihren Grundsätzen dem "gesunden" Menschenverstand.

Das war schon ihrem Begründer, Samuel Hahnemann klar. Er fand sie u.a., indem er seine Heilmittel, die teilweise hochgiftig waren, für eine mildere Wirkweise verdünnte. Er bemerkte, dass die Mittel auch bei hoher Verdünnung ihre heilende Wirksamkeit nicht verloren sondern noch verstärkten. Er konnte dies auch nicht erklären, aber er nahm dankbar diese Möglichkeit der Heilung wahr und entwickelte sie fort. Er hat aber nicht versucht, irgendwelche obskuren, mystischen Begründungen zu finden.
Auch ich nehme die Wirkung erst einmal dankbar an, mit

dem Wissen, sie nicht erklären zu können. Dennoch habe ich immer wieder versucht, das Wesen dieser Medizin zu begreifen. Denn wenn es da etwas gibt, das dem gesunden Menschenverstand widerspricht, aber dennoch wirkt, dann kann das nur heißen, dass meine Weltsicht irgendwie Fehler eingebaut hat. Diese Fehler könnten aber vielleicht in anderen Bereichen schädlich sein. Deshalb erscheint es mir schon wichtig, zumindest zu versuchen zu verstehen, warum mein Verstand die homöopathische Wirkweise nicht akzeptieren will, und wo ich vielleicht umdenken muss.

Des weiteren habe ich mich gefragt, ob diese Wirkungsprinzipien, die in der Homöopathie angewendet werden, nicht auch in der Natur vorkommen, oder von der Natur vielleicht schon längst gezielt (aber unbeobachtet) eingesetzt werden. Beispiele, wo dies vielleicht (!) der Fall sein könnte, führe ich an.

Einführung in die wichtigsten Grundsätze der klassischen Homöopathie

Dies ist eine Einführung für Laien. Lesen Sie die Punkte, die Sie interessieren, lassen Sie andere weg. Wichtig für das Verständnis meiner Überlegungen sind die Themen "Verdünnungen - Potenzierung", "Konstitutionstyp" und "Ähnlichkeitsprinzip". Für Interessierte bin ich noch etwas auf die Problematik der Homöopathie von heute eingegangen.

Verdünnungen - Potenzierung

Die Homöopathie arbeitet mit sehr hohen Verdünnungen. Die Zahl bei der Potenzangabe besagt, wie oft eine bestimmte Substanz 1:100 verdünnt wurde (bei D-Potenzen 1:10). C 30 heißt z.B., dass eine Substanz (die dem Mittel den Namen gibt) 30 mal mit 100 Teilen verdünnt wurde, also eine Verdünnung 100 hoch 30. Es wird z.B. 1 Teil Schwefel (Sulfur) mit 100 Teilen Trägersubstanz (destilliertes Wasser, Alkohol oder Milchzucker) kräftig verschüttelt (Schüttelschläge) oder lange verrieben. Dann wird von der Mischung wieder ein Teil genommen und erneut mit 100 Teilen Trägersubstanz vermischt. Das ganze wird 30 mal wiederholt. Der Vorgang nennt sich "Potenzierung".

Für kurzfristigere und weniger tiefgreifende Behandlungen werden oft niedrigere Potenzen, z.B. C4, C6 oder C12 verwendet. In der klassischen Homöopathie, die den ganzen Menschentyp behandelt, fängt man oft erst mit C30 an und geht über C200 zu C1000 und noch höher. Ab der C12 kann man davon ausgehen, dass die Trägersubstanz kein Molekül der Ursprungssubstanz mehr enthält. Je höher potenziert (also verdünnt) aber das Mittel ist, desto tiefer, stärker und anhaltender wirkt es. In höheren Potenzen ist Homöopathie auch nicht mehr ganz ungefährlich - wenn auch im allgemeinen nicht so gefährlich wie allopathische Mittel in größeren Mengen. Dem Laien ist aber auf jeden Fall von der Verwendung von höheren Potenzen in Eigenregie abzuraten (ebenso von lang andauernder Verwendung niedriger Potenzen). Bei höheren Potenzen können bereits winzige Mengen lang anhaltende Wirkungen hervorrufen, so wird von vielen klassischen Homöopathen das gewählte Mittel erst einmal ein einziges mal verabreicht, um dann Wochen zu warten, ob eine Wiederholung sinnvoll und nötig ist. Manchmal reicht eine solche einzige Gabe völlig zur Heilung aus.

Die Homöopathie heilt also mit Mitteln, die von der heilenden Substanz nichts mehr zu enthalten scheinen. Wie ist das möglich? Ein paar Homöopathen haben hier Ansätze versucht, mit Energien und Schwingungsebenen (z.B. der berühmte Homöopath Georgos Vithoulkas: Die wissenschaftliche Homöopathie. Theorie und Praxis naturgesetzlichen Heilens. Lehrbuch, Göttingen, Burgdorf 1986). Sie zeigen Wege zum Verständnis. Einigkeit scheint darüber zu herrschen, dass homöopathische Mittel als Information wirken - sie zeigen dem Menschen, auf welchem Weg er zur Gesundheit zurückkehren kann. Das läuft sowohl auf körperlicher wie auf geistiger Ebene ab. Ich selbst werde versuchen mit der Sein-Möglichkeitenraum-Theorie im Hintergrund hier eine Erklärung vorzuschlagen, die nicht im Widerspruch zu diesen Erklärungen steht, sondern nur eine Betrachtung aus einem neuen Blickwinkel darstellt.

Konstitutionstyp

In der klassischen Homöopathie werden nicht einzelne Krankheiten betrachtet und geheilt, sondern der ganze Mensch. Die Patienten kommen zwar wegen eines bestimmten Leidens zu ihrem Homöopathen, der will aber nicht nur wissen, woran sie gerade leiden, sondern er will auch ihren Persönlichkeitstyp kennenlernen. Er will wissen, was sie gerne essen, was nicht, was sie träumen, wovor sie Angst haben, welche besonderen Gewohnheiten oder Eigenheiten sie haben, wann sich ihre Beschwerden verschlimmern, ob Wetter, Jahreszeiten oder Mond Einfluss ausüben, ob sie ungeduldig oder ruhig sind, ob sie gerne "nein" sagen oder sich meist unterordnen (*Ergänzung 2017, da hier zu übergewichtig geistige Themen aufgezählt sind: gefragt wird z.B. auch, wie der Schmerz ist: reißend, ziehend, bohrend, stechend..., ob Beschwerden mehr links oder rechts auftreten, ob Ausscheidungen trübe sind, der Schweiß einen bestimmten Geruch hat, manche Speisen schlecht vertragen werden, das Haar dünn oder fest ist...*) usw. usw..

Ein Homöopath muss gut und unvoreingenommen zuhören können, er muss sehr gut beobachten und unterscheiden lernen, und er sollte Erfahrung mit Menschen haben. Denn nur so kann er aus tausenden von Mitteln das genau richtige finden. Wenn er das passendste (Simillimum) findet, dann sind die Heilungschancen, egal bei welcher Krankheit, sehr gut. Wenn er nur ein teilweise passendes findet (was leider notgedrungen oft der Fall ist) wird die Heilung einsetzen, aber vielleicht an einem bestimmten Punkt aufhören.

Ähnlichkeitsprinzip

Das passendste Mittel ist das Ähnlichste. Was bedeutet das?

Jedes Mittel kann beim Gesunden einige der Symptome für kurze Zeit und meist in abgeschwächter Form hervorrufen, die es beim Kranken heilt ("Gleiches mit Gleichem heilen"). Durch viele Prüfungen und Erfahrungen wurden so Arzneimittelbilder aufgestellt, d.h. es wurden Aufzeichnungen zusammengestellt, die darüber berichten, auf welche Menschentypen und bei welchen Beschwerden ein Arzneimittel wirkt. So ergibt sich das Arzneimittelbild, das z.B. sagt, ein bestimmtes Mittel wirkt bei Menschen folgenden Typs:

Mag: salzige Speisen, stark gewürzte, kalte Getränke, Eis, Wein, Käse, Süßes - mag nicht: Fisch, Obst und Tomaten - hat Furcht vor: Dunkelheit und Geistern, Bettlern und Alleinsein, Fehlern im Beruf, Krankheit, Krebs und Tod - besser in frischer Luft, bei Zuwendung, Liegen auf der rechten Seite, Ruhe und Schlaf - schlimmer: gewittriges Wetter, morgens und abends, Anstrengung jeder Art, Geräusche, Gerüche - anfällige Körperbereiche: Linke Körperseite, Lungen, Magen, Darm, Leber, Durchblutung, Nervensystem - Erscheinungsbild: groß, schlank, dunkle oder aschblonde Haare, oft mit kupfrigem Schimmer, zarte Haut, durchscheinend, erblasst und errötet leicht, bevorzugt bunte, auffallende Kleidung - Charaktertyp: braucht viel Anregung, vielseitig, phantasiebegabt, wird ansonsten gereizt, unruhig und apathisch. Optimisten, gerne im Mittelpunkt, brechen aber unter Belastung leicht zusammen, dann sind sie erstaunlich gleichgültig gegenüber Familie oder engen Freunden. Brauchen, wenn sie sich schlecht fühlen, viel Zuwendung, lieben es leicht gestreichelt zu werden. Offene, ausdrucksvolle und herzliche Persönlichkeiten, oft eine künstlerische Ader, mitfühlend und freigiebig. Der Enthusiasmus ist kurzlebig, die Energie lässt schnell nach, so dass sie oft mehr versprechen, als sie dann halten können. (Nach: Dr. Andrew Lockie & Dr. Nicola Geddes: Homöopathie. Das große Hausbuch der Heilverfahren bei häufig vorkommenden Erkrankungen, Original 1995, deutsch: München 1996, S. 67).

Das ist das sehr knapp gehaltene Arzneimittelbild des Mittels Phosphor, das durch die Verdünnung von Phosphor gewonnen wird. Es ist ein Auszug aus einem populären Buch, in der Fachliteratur würden die Charakteristika von Phosphor (in der Homöopathie bekommt der Konstitutionstyp der ein bestimmtes Mittel braucht einfach kurzerhand den Namen des Mittels) viele Seiten füllen.

Hier zeigt sich aber schon etwas, was in der Homöopathie typisch ist und sie für viele Außenstehende in die Nähe von Scharlatanerie, Aberglauben oder Placebo-Effekt bringt: die Menschen eines bestimmten Konstitutionstyps zeigen Wesensähnlichkeit mit der Substanz, die sie verdünnt benötigen.

So sieht man bei Phosphor das schnell entflammbare Element, das dann aber auch schnell ausgebrannt ist.

Für andere Mittel gilt Entsprechendes. Wer sich dafür interessiert, kann das Buch eines sehr erfahrenen und seriösen Homöopathen, Herrn Dr. Gawlik, lesen, in dem dies deutlich dargestellt wird. Er wurde in jungen Jahren, in denen er noch ein "eingefleischter Allopath" (also einer, der mit Homöopathie nichts zu schaffen hat) war, durch eine eigene erstaunliche, fast schlagartige Heilung zur Homöopathie gebracht. Der Buchtitel: Gawlik, Willibald: Arzneimittelbild und Persönlichkeitsportrait. Konstitutionsmittel in der Homöopathie, 3. überarbeitete Auflage, Stuttgart 1999. Es gibt andere Bücher in ähnlicher Richtung, sie sind aber nicht alle so gut lesbar.

Weiterhin ist für den Laien überraschend, dass Menschen, die ein bestimmtes Mittel brauchen, oft auch eine Beziehung zu der Substanz, aus dem das Mittel hergestellt wird, haben. So kann es sein, dass sie öfters davon träumen. Oder sie haben eine Liebe dafür oder eine starke Abneigung dagegen. So kann eine Person, die ein Mittel, das aus Schlangengift (natürlich hoch verdünnt) hergestellt wird, braucht, Schlangen sehr lieben oder sie kann übergroße Angst vor ihnen haben. Selten werden ihr Schlangen aber gleichgültig sein.

Es scheint, dass die Prinzipien der Homöopathie so unglaub-
lich wirken, dass nur überraschende eigene Erfahrungen zu
einem Vertrauen in die Homöopathie führen können. Sie ist
aber allemal einen Versuch wert, diese Erfahrungen können
- vorausgesetzt man hat einen guten Homöopathen - wirklich
ein sehr eindrucksvolles Erlebnis sein.

Problematik der Homöopathie

Wenn die Homöopathie so fast ans Wunderbare grenzende
Heilerfolge vorweisen kann - warum ist sie dann nicht viel
verbreiterter? Hierfür gibt es einige hindernde Gründe.

1. Homöopathie ist schwierig.
2. Homöopathie wird krankenkassenärztlich nicht anerkannt.
3. Homöopathie ruft Erstverschlimmerungen hervor und
   braucht meist Zeit.

Zu 1:

Für einen Laien mag es einfach klingen, bei den umfangreichen Arzneimittel-Beschreibungen das richtige Mittel zu finden. Aber dem ist leider nicht so. Es gibt erstens sehr viele
verschiedene Mittel. Dann kann des öfteren eine Mittelfolge
angezeigt sein, d.h. mehrere verschiedene Mittel hintereinan-
der.

Und wenn ein Mittel auf einen Menschen passt, dann hat er deswegen noch längst nicht alle in der Arzneimittel-Lehre beschriebenen Symptome und Eigenschaften. Er wird nur eine gewisse Auswahl davon zeigen - und bei jedem Menschen eines bestimmten Typs ist die Zusammenstellung der auftretenden typischen Symptome anders. Da gilt es, mit Gespür zu erkennen, ob die Symptomen-Kombination zu einem bestimmten Mittel ausreichend passt, um das Mittel zu verschreiben, oder ob das Bild zu unklar ist. Wird zu häufig ein falsches Mittel verschrieben (besonders bei hohen Potenzen), können sich die Symptome verschieben, so dass es noch schwieriger wird, das gesuchte Mittel zu erkennen.

Durch Erstverschlimmerungen - die oft bei der richtigen Mittelwahl entstehen können (siehe übernächsten Absatz) - ist es erst für eine Weile für den Laien nicht leicht zu erkennen, ob das Mittel nicht wirkt, verschlimmert oder heilt. Der erfahrene Homöopath kann hier etwas sicherer beurteilen, worum es sich handelt. Da aber jeder Heilungsprozess einen für den Menschen individuellen Weg nimmt, sind auch hier Irrtümer möglich.

Schließlich kann das Bild noch dadurch verwirrender werden, dass ein Mensch oft mehrere Konstitutionstypen vermischt in sich trägt (manchmal wird das Bild von Schalen

21

wie bei einer Zwiebel gebraucht, die durch ein Mittel nach dem anderen abgetragen, d.h. geheilt werden müssen).

Zu guter Letzt bleibt noch die Frage, in welcher Potenz und in welchen Abständen ein gewähltes Mittel gegeben werden sollte. Eine niedrige Potenz muss viel öfter wiederholt werden. Das Mittel kann aber bei heftigen Erstverschlimmerungen schnell abgesetzt werden und die Erstverschlimmerungen verschwinden dann in der Regel auch sehr schnell. Es kann dann auch problemloser und schneller zu einem anderen Mittel übergegangen werden, falls sich die erste Mittelwahl als falsch herausstellt. Auf der anderen Seite wirken niedrigere Potenzen oft oberflächlicher, d.h. es wird nicht der ganze Mensch geheilt, sondern nur äußere Symptome. Dies kann für eine andauernde Heilung oder für die Heilung tiefsitzender Krankheiten zu wenig sein. Hier greifen dann erst höhere Potenzen richtig. Es gibt in dieser Hinsicht sehr verschiedene Schulen, und die Vorgehensweisen und die damit verbundenen Erfahrungen sind sehr unterschiedlich.

Leider gibt es inzwischen etliche Ärzte (und wahrscheinlich auch Heilpraktiker), die sich ohne viel Ausbildung und ohne großes Interesse die Homöopathie auf ihr Namensschild schreiben, da dies die Patienten gerne lesen. Es gibt noch keine Ausbildungsverordnung für Homöopathie, und praktisch jeder kann sich Homöopath nennen, wenn ihm das gefällt. Auch im Medizinstudium findet dieser Bereich nur sehr langsam Eingang. Diese Feld-Wald- und Wiesen-Homöopathen können manchmal durchaus Heilerfolge vorweisen, denn kurzfristige Heilerfolge sind mit der Homöopathie relativ leicht zu erzielen - da muss das Mittel nicht so genau stimmen - und der Placebo-Effekt tut noch das seine dazu. Aber für wirklich befriedigende Heilerfolge reicht das nicht aus. Das merken dann mit der Zeit auch die Patienten.

Außerdem gibt es verantwortungslose Homöopathen, die gleich eine größere Zahl von Mitteln auf einmal verschreiben, und das vielleicht sogar noch in Hochpotenzen, nach dem Motto, irgend eines wird schon helfen. Dies kann aber auch die Wirkung aller Mittel durch das entstehende Durcheinander aufheben, oder es kann sogar im Patienten ein derartiges Durcheinander hervorrufen, dass er einem Nervenzusammenbruch nahe kommt.

Es wird deutlich, dass ein Homöopath für eine gute Behandlung sehr viel Wissen und sehr viel Erfahrung braucht, am besten, er lernt neben der Theorie bei einem bereits erfahrenen Homöopathen die Praxis kennen. Er muss sehr gut beobachten und das Beobachtete differenzieren können.

Dass nur ein Teil der Personen, die sich heute Homöopath nennen, diese Eigenschaften besitzt, ist verständlich. Dass der andere Teil aber die Homöopathie in Misskredit bringt, ist ebenso einsichtig. Und da die Patienten, die eine schlechte Erfahrung gemacht haben, meist die Gründe dafür nicht kennen, werden sie zu Gegnern der Homöopathie.

Zu 2:

Die Homöopathie ist bei uns bei den Krankenkassen noch kaum anerkannt, ja den Betriebskrankenkassen sind sogar teilweise gesetzlich die Hände gebunden - selbst wenn sie wollen, können sie die Naturheilweisen nur teilweise unterstützen.

Die homöopathischen Mittel selbst sind äußerst preisgünstig und die Homöopathie braucht auch keine große Apparatur. Aber sie braucht etwas, was heute sehr kostbar ist: Zeit. Der Homöopath muss sich mit seinem Patienten wirklich Zeit nehmen, er muss ihm geduldig zuhören können, muss beim ersten Besuch viele Fragen klären, um erkennen zu können, welcher "Arzneimitteltyp" der Patient ist.

Dazu muss er dem Patienten, wenn er es wirklich ernst mit der Therapie meint, erklären, dass es zu Erstverschlimmerungen kommen kann, und bei Auftreten dieser Erscheinungen muss er vermutlich sich wieder erklärend mit ihm auseinandersetzen - bis schließlich deutlich merkbar die Heilung eintritt.

Es gehört ein bedeutendes Maß Idealismus dazu, als Arzt ernsthaft Homöopathie zu praktizieren. Diesen Idealismus muss er heute oft mit finanziellen Einbußen bezahlen (da er eben nicht angemessen bezahlt wird).

Wenn der Patient die entstehenden Mehrkosten selbst trägt, dann wird er es sich sehr überlegen, falls beim ersten Versuch keine Besserung eingetreten ist, ob er noch einmal zum Homöopathen geht. Aber gerade in der Homöopathie sind Ausdauer und mehrere Versuche wichtig, um dann schließlich anhaltende Heilung zu erzielen, oft in Fällen, in denen die Schulmedizin nur noch mit dauernder Medikation helfen kann.

Zu 3:
Bei gut gewählten Mitteln tritt bei chronischen Krankheiten oft eine sogenannte "Erstverschlimmerung" ein, d.h. der Patient erlebt erst einmal für kurze Zeit (meist Stunden bis einige Tage) eine Verschlechterung. Es können auch alte Leiden aus früherer Zeit wieder kurz auftauchen (oder es kommt zu verschiedenen Formen von Ausschlägen, durch

die sich der Körper von schädlichen Stoffen reinigt). Diese Verschlechterungen stimulieren aber den Heilungsprozess, der Körper und der Geist setzen sich jetzt intensiv mit der Krankheit auseinander. Das Ergebnis dieser Auseinandersetzung ist oft eine wirkliche Ausheilung.

Bei akuten Krankheiten kann allerdings sofort Besserung eintreten (und Homöopathie kann durchaus auch in akuten Fällen sehr nützlich sein und sehr schnell wirken, was aber viele Laien nicht wissen), die Erstverschlimmerung tritt eher bei chronischen Krankheiten auf, als müsste sich der Körper erst mal wieder darauf besinnen, dass er krank ist, um die Heilung einzuleiten.

Die Erstverschlimmerung kann aber eine harte Prüfung für Patient und Arzt darstellen, und manch einer wird sich, wenn er nicht aufgeklärt wurde, einfach von der Homöopathie abwenden, bevor die Behandlung zu Ende ist, mit der Meinung, das sei ja gründlich schief gegangen.

Für eine homöopathische Behandlung braucht man in der Regel (nicht im akuten Fall) viel Geduld und Ausdauer, - und natürlich einen guten Homöopathen - nur dann stellt sich ein sehr beachtenswerter Erfolg ein.

Erfolg der Homöopathie

Wenn man all diese vielfältigen Schwierigkeiten bedenkt, vor der heute eine homöopathische Behandlung steht, dann ist es geradezu ein Wunder, dass die Homöopathie immer mehr gefragt wird.

Das spricht eindeutig dafür, dass die geglückten Behandlungen derart erfolgreich, zufriedenstellend und überzeugend und daher beispielgebend waren, dass immer mehr Menschen sich auch eine so ganzheitliche und tief wirkende Behandlung wünschen.

Auch die Homöopathie ist, wie Freiräume und Gefühle, sehr sensibel und verletzlich. Wenn man sie aber fördert, kann sie Erstaunliches bewirken. So wäre es um sie bestimmt besser bestellt, wenn die Ausbildung geregelter und, für jeden der sich Homöopath nennen darf, verbindlicher und umfassender wäre, wenn es eingerichtet würde, dass junge Homöopathen regelmäßig bei erfahrenen Homöopathen mitlernen dürften, wenn die finanzielle Seite anziehender wäre.

Leider haben die mächtigen Pharma-Konzerne keinerlei Interesse, die Homöopathie hochkommen zu lassen, denn dann würde der Verbrauch an teuersten Arzneimitteln - besonders in chronischen Fällen und bei häufig wiederkehrenden Infekten - deutlich sinken. So hat die Homöopathie keine starke finanzielle Lobby hinter sich und auch nicht die Mittel für große Propaganda-Feldzüge.

Trotzdem steigt das Interesse an der Homöopathie, und mehr und mehr Ärzte setzen sich freiwillig mit ihr auseinander und wagen den Einstieg. Und immer mehr Leute fragen sich, wie es denn möglich ist, dass eine Substanz, die so hoch verdünnt ist, dass das gegebene Medikament sie gar nicht mehr enthält, dennoch heilen kann.

Homöopathische Mittel als Information über den Bereich des Nicht-Seins - als eine komplementäre Information

Was geschieht eigentlich beim Verdünnen mit kräftigen Schüttelschlägen oder beim intensiven Verreiben? Natürlich wird alles vermischt. Aber auch: die einzelnen Moleküle der Arzneimittel-Substanz stoßen heftig an die Moleküle der Trägersubstanz.

Bei diesem Zusammenstoßen muss etwas geschehen (siehe auch Kapitel: "Gefühle und die neue Theorie von den Extradimensionen"). Hier ist die Arzneimittel-Substanz, dort die Träger-Substanz. Fläche an Fläche berühren sie sich für einen kurzen Moment. Das Arzneimittel lässt die Trägersubstanz aber nicht in sich eindringen und umgekehrt auch nicht. Sie stoßen sich ab und entfernen sich wieder voneinander.

Bei diesem Abstoßen - kann es da vielleicht zu einer Information über die eigene Identität kommen? Wir haben ja schon gesehen, dass alles, was ist, sich durch Eigenschaften auszeichnet, von denen eine gewisse Summe die Identität ausmacht.
Aber alle Eigenschaften haben ja noch viel mehr Nicht-Ei-

genschaften. Blau ist nicht Rot, nicht Grün, nicht Rosa, nicht Schwarz usw. Erst durch den Kontrast von Rot gegenüber den anderen Farb-Möglichkeiten wird Rot richtig wahrnehmbar. Wenn alles um uns gleichmäßig rot wäre, würden wir vermutlich gar kein Rot mehr erkennen. Der Unterschied macht die Eigenschaft deutlich.

Könnte es nun sein, dass beim Zusammenstoß von Molekülen (oder anderer Materie, ja vielleicht ähnlich auch bei Ideen usw.) die beiden Moleküle "erkennen", was sie jeweils sind und was nicht? (Auch physikalisch gesehen, könnte man Zusammenstöße als Information betrachten, und zwar über den Wandel der Größen der wirkenden Naturgesetze an einem bestimmten Ort.)

In vermenschlichende Sprache übersetzt könnte das bei der Herstellung des homöopathischen Sulfur-Präparates (aus Schwefel) etwa so aussehen: "Ich bin ein Sulfur-Molekül, ich bin nicht wie du, hier ist meine Grenze, du bist etwas anderes" und das Molekül der Trägersubstanz, z.B. Milchzucker, erkennt durch diesen Kontakt: "Du bist anders wie ich, ich bin nicht wie du, mein Wesen ist anderer Art, meine Eigenschaften, mein Verhalten sind anders."

Durch den engen Kontakt haben beide Moleküle erkannt,

was sie nicht sind. Sie erfahren ihre Identität durch Abgrenzung: "Nein, so bin ich wirklich nicht!" Wie oft erkennen wir uns selbst in dieser Weise im Vergleich mit anderen Menschen. Da unsere Welt in vielem fraktal strukturiert ist (d.h. die großen Strukturen finden sich im Kleinen wieder, so dass man beim Heranzoomen immer wieder das gleiche Bild entdeckt), halte ich es für möglich, dass auf ganz einfacher Ebene diese Erkenntnisfähigkeit auch in Atomen und Molekülen vorhanden ist. Ich gebe zu, das ist schon eine etwas provozierende These - aber die Erfahrungen mit der Homöopathie sind es für den Menschenverstand auch.

Beim weiteren Verreiben treffen nun Milchzucker-Moleküle, die mit Schwefel Kontakt hatten mit Milchzucker-Molekülen zusammen, die keinen Kontakt hatten. Irgendwie haftet vielleicht den ersteren doch ein bisschen etwas vom Schwefel an, auch wenn sie sich abgrenzen. So können sich die neuen Milchzucker-Moleküle von den alten Milchzucker-Molekülen absondern, und damit noch mehr vom Schwefel-Molekül. "Du bist ein Molekül, das hatte mit Schwefel Kontakt, aber ich bin ein Molekül, das hat Schwefel nie berührt. Du bist anders als Schwefel, aber ich bin noch weiter vom Schwefel entfernt."

Dann geht es mit dem Verdünnen weiter: "Du hattest mit einem Milchzucker-Molekül Kontakt, das mit Schwefel Kontakt hatte, aber ich bin anders, ich bin noch weiter vom Schwefel entfernt, ich hatte nicht einmal mit einem Milchzucker-Molekül Kontakt, das mit Schwefel Kontakt hatte."

So wird von Verdünnung zu Verdünnung die Information, nicht Schwefel, also ganz anders als Schwefel zu sein, verschärft.

Es kommt ein Patient zum Homöopathen, und dieser ist ein "Schwefel-Typ". Er hat vielleicht im Wesen gewisse Ähnlichkeiten mit Schwefel (was zugegeben schwer nachvollziehbar ist), oder es könnte sein, dass sein Stoffwechsel mit Schwefel Probleme hat (wobei der Homöopath natürlich nach seinen Arzneimittel-Lehren und passenden Symptomen das Mittel findet und nicht primär durch Intuition, der gute Homöopath muss schon klar nachvollziehbare Argumente in Betracht ziehen).

Auf irgendeine, uns heute noch nicht verständliche Weise, ist der Patient jedenfalls zu sehr dem Wesen des Schwefels verpflichtet, geistig oder körperlich. Er hat den weiten Blick für ein "Nicht-Schwefel-Dasein" verloren, ist eingeengt auf die "Schwefel-Aspekte".

Nun bekommt er vom Homöopathen ein Mittel, das die ver-
stärkte Information enthält: "Ich bin ganz und gar nicht
Schwefel". Vielleicht kann der Patient diese Information
aufnehmen und so seinen eigenen Blickwinkel für den
großen Bereich "Nicht-Schwefel-Sein" wieder weiten. Und
aus diesem neuen Blickwinkel heraus, ist er in der Lage, die
Heilung einzuleiten.

"Vermenschlicht" könnte man das in folgendem Beispiel im
übertragenen Sinn darstellen:

Die Studenten Donald und Samuel gründen zusammen eine
Wohngemeinschaft (entspricht dem Moment der Mittelein-
nahme, Donald ist der Patient, Samuel das Mittel). Donald
isst ungesund und viel Fast Food. Samuel dagegen ernährt
sich gesund und vorwiegend mit Produkten aus dem ökolo-
gischen Landbau (er ist daher eine Informationsquelle für
Donald in Bezug auf andere Ernährung). Donalds Abneigung gegen diese Ernährung verstärkt sich zuerst, er erkennt
den Unterschied, denkt aber abwertend: "Diese Gesundheits-
apostel, diese spinnerten Öko-freaks!" (Das entspricht der
Erstverschlimmerung). Samuel, der sich von der ungesunden
Ernährung, deren Schädlichkeit er schon früher erkannte, di-
stanziert und bewusst abgrenzt, kocht jeden Tag gut. Donald

isst dann doch öfters mit, und nach einer etwas schwierigeren Phase, in der sich seine Verdauung umstellen musste, merkt er, wie gut ihm die gesunde Ernährung tut. Er fühlt sich körperlich und geistig besser. Und er bevorzugt nun auch selbst gesunde Ernährung und wird vielleicht ein Leben lang dabei bleiben.

So kann ein homöopathisches Mittel auf geistigem (nicht zu verwechseln mit intellektuellem) Wege Informationen über neue Möglichkeiten vermitteln und somit einen eingeengten Geist freier machen. Dieser befreite Geist kann dann aus sich heraus heilend wirken und anschließend gesund bleiben.

Man könnte homöopathische Mittel, nach dieser Theorie, auch als "komplementäre Information" oder "ergänzende Information" bezeichnen (komplementär oder ergänzend zur Information, die im Patienten vorherrscht) - eine Information, die zur Vollständigkeit ("Komplett-Sein") führt, so wie zwei komplementäre Licht-Farben zusammen weißes Licht ergeben (und wenn man lange genug auf eine grelle Farbe schaut und danach auf ein weißes Blatt Papier, dann sieht man als optische Täuschung ein Schattenbild in der Komplementärfarbe auftauchen).

Homöopathie wirkt so vielleicht durch "Horizonterweiterung", ist nicht zwingend, sondern heilt durch ein erweitertes Angebot an wohltuenden Möglichkeiten.

Diesen Vorgang habe ich schon früher einmal im Rahmen der Sein-Möglichkeitenraum-Theorie beschrieben, diese Beschreibung möchte ich hier als kurzen Auszug (drei Absätze lang) auch noch kurz einfügen, denn vielleicht ist diese etwas abstraktere Form für manchen Leser ansprechender:

"Wenn ein Stoff X in Wasser (Alkohol, etc.) verdünnt wird, dann kann man sagen: der Stoff X hat das Stoff X-Sein, das Wasser erfährt durch die Berührung mit ihm das "Nicht-Stoff-X-Sein". Das Wasser trägt vielleicht jetzt eine neue Information über sein "Nicht-Sein" in sich. Diese Information behält es auch bei Entfernung von Stoff X (so wie ich mich selbst im vergleichenden Kontakt mit anderen Menschen erkenne, dies auch, wenn diese Menschen schon längst nicht mehr mit mir in Verbindung stehen).

Da diese Information oder diese "Nicht-Sein-Erfahrung" durch Berührung entsteht, ist das Verschütteln wichtig. Bei weiterer Verdünnung wird diese Erfahrung ohne weiteren Direkt-Kontakt wie eine Nachricht weitergegeben.

Möglicherweise besteht Kranksein auch in einem Sein-Möglichkeitenraum-Ungleichgewicht. Vielleicht gibt es hier bestimmte, verschiedene Aspekte, die jeweils ein bestimmtes Kranksein hervorrufen. Angenommen, ein Kranker habe z.B. ein Ungleichgewicht im Sulfur-Aspekt (denkbar, z.B., dass sein Körper sich zu sehr auf Sulfur konzentriert, dass Sulfur zu "egoistisch" im Körper wirkt, vielleicht sich einfach in der Gewebsflüssigkeit zu viel davon anreichert, oder aber, dass es eine "feinstofflichere" Angelegenheit ist). Es könnte dann sein, dass eine homöopathische Sulfur-Gabe diesem Menschen dann wieder "die Augen öffnet" für die Weite des Möglichkeitenraums außerhalb des Sulfur-Seins, denn das potenzierte Mittel ist ja gerade dieser Aspekt. Vielleicht weitet so eine Gabe ein verengtes Mensch-Sein zu Großzügigkeit und zur Bereitschaft, die erstarrte, übergewichtige Seins-Haltung aufzugeben und heilende Wandlung zuzulassen."

Ich weiß, das klingt alles ziemlich merkwürdig. Aber in gewisser Weise ist die Homöopathie selbst ein merkwürdiges Fach. Und hätte ich ihre Wirkung nicht selbst erlebt, ich würde nicht daran glauben.

Diese Erklärung hier ist auch nur als ein Vorschlag zu betrachten, nicht als "der Weisheit letzter Schluss". Ich ziehe äußerst ungewöhnliche Vorgänge in Erwägung, um einen äußerst ungewöhnlichen, aber eindeutig beobachtbaren Sachverhalt, zu erklären. Schließlich waren Dinge wie Magnetismus, Elektrizität, Röntgen - oder Radiowellen oder gar die Relativitätstheorie und die Quantenphysik früher auch undenkbar. Wenn wir auf Phänomene stoßen, die mit den gängigen Ansichten nicht mehr erklärt werden können, so müssen wir probeweise den Mut haben, auch recht merkwürdig klingende Thesen aufzustellen.

Das Merkwürdigste bei der Homöopathie scheint zu sein, dass Dinge eine Art "Wesen" besitzen, das nicht mehr mit allein physikalischen Eigenschaften, so wie sie uns heute bekannt sind, beschreibbar ist. Und noch dazu lassen sich Grundzüge dieses Wesens mit fremder Materie, wie Milchzucker, Wasser oder Alkohol übertragen. Und Grundzüge dieser Wesensart von Elementen, Pflanzen oder Tieren finden sich im Menschen wieder.

Dieses Wiederfinden kann ich mir nur wieder fraktal erklären, d.h. damit, dass bestimmte Strukturen (und damit Wesenseigenarten?) immer wiederkehren, auf den verschiedensten Größen- und Komplexitäts-Ebenen. Vielleicht besteht diese fraktale Wesens-Selbstähnlichkeit auch in einem Menschen selbst, ist vielleicht Ausdruck seines harmonischen Daseins. So kann vielleicht das Wesen seiner Gefühle, Träume und Gedanken dem Wesen seiner Gangart, seiner Körperhaltung, seiner Art zu schauen und zu reden, und ebenso der Art zu verdauen, den Kreislauf zu regulieren, Bakterien und Viren zu behandeln, zu atmen, usw. entsprechen.

Ob diese Wesenszüge mit einem übergeordneten Sinn verbunden sind? Ich halte es für möglich. Dann könnte die Homöopathie dazu beitragen, dass ein zu eng begrenztes Wesen seinen Geist wieder weitet, um die Ganzheit zu erkennen und seinen eigenen Ort darin. Das alles würde aber vorwiegend auf einer nicht-gedanklich-bewussten Ebene ablaufen. Dennoch, diese innerliche Erkenntnis würde dann zu Gelassenheit und Heilung führen.

"Homöopathie" als natürlicher Prozess

Bedingungen

Homöopathische Mittel sind relativ einfach herzustellen. Wenn man bedenkt, welch komplexe und komplizierte Abläufe in der Natur ohne das Einwirken des Menschen möglich sind, dann muss man sich fragen, ob so ein elementares Prinzip, wie die Potenzierung in der Homöopathie, nicht in der Natur auch selbstständig vorkommt.

Voraussetzung wäre, dass ein Stoff mit einem anderen Stoff durch kräftiges Verschütteln oder Verreiben vermischt würde.

Ich denke da an zwei Beispiele, wahrscheinlich gibt es viel mehr.

Der Blutkreislauf. Das Herz schlägt und pumpt das Blut durch die Adern. Das Blut nimmt Stoffe in seinen Kreislauf auf. Wäre es nicht möglich, dass es hier zu einer Potenzierung von Stoffen, die nur sehr verdünnt im Blut enthalten sind, kommt?

Der Ozean: Im Meer sind die unterschiedlichsten Stoffe enthalten, manche in recht dünner Konzentration. Besonders am Ufer (auch am Meeresgrund?) schlagen die Wellen und der Sand reibt. Kommt es hier nicht auch zu Verschüttelung und Verreibung?

Der Homöopath wird aber gleich eine wichtige Frage stellen: bei einem Patienten, der viele homöopathische Mittel nimmt, kommt es entweder zur Verwirrung oder die Mittel heben sich in ihrer Wirkung auf. Im Meer oder im Blut sind nun aber sehr viele unterschiedlichste Stoffe enthalten, die alle gleichzeitig potenziert würden. Wie kann so ein Informations-Durcheinander überhaupt noch wirken?

Außerdem sind homöopathische Mittel sehr empfindlich, sie vertragen weder größere Hitze noch viel UV-Licht.

Diese Einwände sind sehr gerechtfertigt. Trotzdem möchte ich mal diesen Gedanken weiter spielerisch fortführen.

Es könnten sich in der Natur Wege herauskristallisiert haben, durch die eine Potenzierung reiner abläuft und deutlichere Informationen liefert. Die Natur hat ja schon unzählig viele erstaunliche "Erfindungen" gemacht.
Es könnte aber auch sein, dass bestimmte Lebewesen emp-

fänglicher sind für bestimmte "potenzierte" Informationen. So wie es ja eben auch unter den Menschen bestimmte Konstitutions-Typen gibt, die besonders stark auf bestimmte Mittel ansprechen, während sie auf andere gar nicht reagieren.

Vielleicht gilt das nicht nur für einzelne Menschen, sondern für ganze Arten. So könnte der Mensch häufig auf andere Mittel stärker ansprechen, als z.B. ein Schaf, eine Schildkröte, ein Bär oder auch eine Amöbe, ein Fisch oder ein Reptil (oder evtl. eine Pflanze).

Wenn dem so wäre, könnten bestimmte Potenzierungen den Menschen vielleicht auch trotz des großen Informationschores erreichen (so wie jetzt unsere Luft voll ist von Telefongesprächen, die über das Handy gefunkt werden - aber wir hören nur die uns betreffende Information auf unserem Handy).

Vielleicht nehmen wir auch mit der Nahrung viele Informationen auf, auch aus der Zeit der Entstehung (Wachstum, Leben) der beim Nahrungsmittel verwendeten Pflanzen und Tiere. Auch aus diesem Grunde könnte es sinnvoll sein, vorwiegend Nahrungsmittel aus artgerechter Tierhaltung und aus ökologischem Landbau zu sich zu nehmen.

Es stellt sich weiter die Frage, ob Mitglieder einer Art, z.B. Menschen, unbewusst ihre Konstitutions-Informationen austauschen (z.B. bei körperlichem Kontakt, Kuss, oder allein durch Austausch der Atemluft), da ja die Information auch hochverdünnt wirkt. Dann könnte das z.b. zu einer Art "Gruppen-Konstitution" führen, die die Gemeinschaft fördert.

Homöopathie und Evolution oder: von Walen und Menschen

Vorausgesetzt es gibt in der Natur Informationsvermittlung durch Potenzierung von Substanzen, dann wäre zu überlegen, ob diese bei der Evolution eine Rolle gespielt hat.

Da homöopathische Mittel bei Gesunden die Symptome hervorrufen können, die sie beim Kranken heilen, so kann vielleicht eine natürliche Potenzierung auch ein gesundes Lebewesen in einer bestimmten Richtung beeinflussen - das muss ja nicht unbedingt eine Veränderung in Richtung Krankheit sein, das könnte ja auch ein evolutionärer Schritt nach vorne sein.

Ich denke jetzt hier vor allem an Informationsaustausch zwischen einzelnen Arten. Hierzu wäre die Potenzierung eines Teiles von einem Tier nötig (wie es die medizinische Homöopathie z.B. mit Schlangengiften, ganzen Spinnen, Hundemilch oder mit Pottwal-Ambra macht).

Im Ozean kommt dies sicher reichlich vor. Alle möglichen Tiergattungen leben darin, sterben, und die Teile, die nicht gleich wieder gefressen werden (Knochen z.B., Schalen), könnten zur Potenzierung des umgebenden Wassers beitragen.

Wenn dann diese Information von den anderen Mitbewohnern des Ozeans auch gelesen werden könnte, dann wäre die Möglichkeit von Austausch an Informationen zwischen den Arten auch ohne Genaustausch gegeben.

Die neuere Evolutionsforschung hat schon festgestellt, dass zu Beginn der Entstehung von Leben bestimmte Eigenschaften zwischen einzelnen Organismen ausgetauscht wurden, die nicht in einer Stammbaumlinie miteinander verbunden sind, sondern auf verschiedenen "Zweigen" des Stammbaums sitzen. Wahrscheinlich haben sie einzelne Körperteile ausgetauscht, aber wer weiß, vielleicht haben sie auch schon durch potenziertes Wasser Informationen mitgeteilt.

Durch diesen Austausch über Potenzierung wären auch Ähnlichkeiten zwischen höher entwickelten Lebewesen denkbar, die aber genetisch schon vor der Entwicklung ihrer Ähnlichkeit getrennte Arten waren. Ich denke hier z.B. an den Wal und den Menschen.

Es gibt etliche Übereinstimmungen zwischen Meeressäugetieren, besonders Walen und Delphinen und den Menschen. Es gibt sogar einige - nicht ernst genommene - Forscher, die glauben, dass der Vorfahr des Menschen sich hauptsächlich im Wasser aufhielt - dabei sind nicht die uralten Vorfahren allen Lebens gemeint, sondern Vorfahren, die vom Land wieder ins Wasser gegangen sind. (Siehe Bericht in: Heft GEO Wissen, Nr. 24: Ozean und Tiefsee, S. 100 - 101 von Martin Meister: War unser Ahn ein Wassertier? Er nennt als Forscher, die diese Theorie vertreten: Alister Hardy, Meeresbiologe und Max Westenhöfer, beide in der ersten Hälfte des 20. Jahrhunderts, dann in der neueren Zeit: Elaine Morgan: The Aquatic Ape)

Nach meinen Überlegungen könnte ein anderer Weg der Evolution möglich sein.

Pottwale scheiden hin und wieder graues Ambra aus (ein

sehr begehrter und wertvoller Parfümstoff und früher auch als Heilmittel verwendet, er enthält oft die unverdaulichen Hornzähne von Riesen-Tintenfischen, eingehüllt in eine talgartige Substanz, die der Wal abscheidet), das als fetthaltiger Klumpen auf dem Meer schwimmt, bis es schließlich an den Strand gespült wird. Dort könnte es potenziert werden. Es ist auch ein von der Homöopathie verwendetes Mittel.

Ebenso könnten Hautfetzen, die z.B. die weißen Beluga-Wale immer wieder abreiben, vielleicht eine Potenzierung erfahren.

Zur Zeit der Menschwerdung könnten Menschengruppen auch an der Küste gelebt haben. Vielleicht haben sie gefischt, oder gerne gebadet, oder sie haben Früchte ins Meerwasser gehalten, um sie salziger schmecken zu lassen, wie dies schon von Verhaltensforschern bei Affengruppen beobachtet wurde. Alles dies sind Möglichkeiten, wie Vorfahren des Menschen zu intensivem Kontakt mit potenziertem Meerwasser gelangen konnten.

Die Menschen-Vorfahren (teilweise vielleicht auch Elefanten - auch sie haben Gemeinsamkeiten mit Walen) wären dann vielleicht besonders empfänglich gewesen, für potenzierte Informationen, die von Walen und Delphinen auf sie einströmten. Nach und nach hätten diese Informationen Veränderungen in Körperbau und Geisteshaltung bewirkt.

Ich möchte hier nicht auf die Details der Übereinstimmungen zwischen Walen / Delphinen (der Pottwal steht den Delphinen verwandtschaftlich näher als z.B. dem Blauwal) und Menschen eingehen. Dies wäre eine lange Liste.

Ich möchte aber auffordern, einmal nur intuitiv nachzuspüren: wenn Sie sich einen Affen vorstellen, der ja eindeutig mit uns gemeinsame Vorfahren hat, und dann nehmen sie einen Delphin oder Wal zur "Kreuzung" dazu: würde da nicht eine menschenähnliche Gestalt entstehen?

Und warum bedeuten Wale und Delphine den Menschen so viel, warum beschäftigen sie sich so sehr mit ihnen, obwohl es den meisten Menschen nicht vergönnt ist, sie in der Natur zu erleben? Von Moby Dick bis zum Whale Whatching reicht die Beschäftigung des Menschen mit Walen und Delphinen in neuerer Zeit. Delphine zieren viele Gebrauchsgegenstände und besonders alle möglichen Kinderartikel gibt es mit diesen Tieren darauf.

Diese Meeressäugetiere werden besonders mit Gefühlen verbunden: Moby Dick mit dem Bösen, dem Zornigen, dem

Abgründigen, und Wale allgemein mit dem Grundsätzlichen und den letzten Dingen (der biblische Jona beschreibt seinen Aufenthalt im Walbauch: "Ich sank hinunter zu der Berge Gründe, der Erde Riegel schlossen sich hinter mir ewiglich." Buch Jona 2.7, und John Briggs nennt in seinem Chaos-Buch (S.176) gerade Wale als Beispiel für Ganzheit: "Und wie in jedem einzelnen Käfer oder in jedem Wal die Ganzheit der Natur inbegriffen ist..."). Die Delphine verbindet man mit Freundlichkeit und Heiterkeit. Michelle A. Gilders schrieb in ihrem Buch "Reflections of a Whale Whatcher" (Bloomington, Indianapolis 1995, Preface): "The first time I saw a whale, I looked into its eye and saw myself reflected." ("Das erste mal, als ich einen Wal sah, schaute ich in sein Auge und sah mich selbst gespiegelt.")

Ein neuer Bericht im GEO-Heft Nr.11 vom November 2000 (Hania Luczak: "Das zweite Gehirn. Signale aus dem Reich der Mitte" S. 136-162) zeigt auf, dass immer mehr Forscher vermuten, dass im sehr umfangreichen und dem Hirn ähnlichen Nervengeflecht des Darms eine Art zweiter Gehirn verborgen liegt, das besonders mit Gefühlen und Intuition zu tun hat. Meine Vermutung: Vielleicht sprechen uns Wale und Delphine besonders auf dieser Ebene an. Interessant scheint mir in diesem Zusammenhang die Annahme (von der ich einmal hörte, deren Wissenschaftlichkeit ich aber leider nicht prüfen kann), dass Wale und Delphine mit ihrem Sonar in den Körper anderer Lebewesen "hineinsehen" können, und z.B. durch die Darmbewegungen des anderen dessen Gemütszustand erkennen können. Vielleicht sprechen auch ihre Laute diesen Bereich des "Bauchhirns" an. Autisten erfahren Besserung durch Umgang mit Delphinen - vielleicht besteht ja bei ihnen auch eine Fehlfunktion des "Bauchhirns", das durch die Delphine angesprochen, besser zu arbeiten beginnt. Ebenso hat das homöopathische Mittel Ambra (das sich ja im Waldarm bildet) unter manch anderen Bereichen auch mit dem Darm und seiner Motorik zu tun, und mit dem Lachen, das ja auch den Bauchraum mitbetrifft.

Wale und Delphine spielen auch in vielen Mythen eine Rolle. Und sogar der Schöpfungsbericht der Bibel nennt sie extra (erstes Buch Mose, Vers 21): "Und Gott schuf große Walfische und alles Getier, das da lebt und webt, davon das Wasser wimmelt, ein jedes nach seiner Art, ..." Keiner anderen Tier- oder Pflanzenart wird eine solche Einzelnennung im Schöpfungsbericht zuteil. Und das, obwohl die Hebräer sonst mehr als Hirten denn als Seefahrer beschrieben werden. Wie viele von ihnen mögen überhaupt einen Wal gekannt haben? Trotzdem wird er in der Bibel einzeln genannt.

Walgesänge und Delphinlaute werden inzwischen sogar auf

CDs verkauft. Es gibt eine ganze Reihe davon, mit untermalender Musik und ohne.

Die Geschichte des Orkas, der den Orka in dem Film "Free Willy" spielt, und der wieder freigesetzt werden soll, ging durch die Nachrichten in aller Welt und bewegte die Menschen, besonders die Kinder.

Schwimmen mit Delphinen ist inzwischen zu einer Heiltherapie geworden.

Auch im Fluss Ganges gibt es Delphine. Und die Upanischaden, die Weisheitslehren Indiens wurden von einem Gott, der sich in einen Wal verwandelte von der Tiefe des Meeresgrundes geholt. (Leider kann ich mich nicht mehr erinnern, wo ich es las und welcher Gott es war - Shiva oder Wishnu?)

Verschiedene Naturvölker (Aborigines in Australien, manche Indianer in Amerika) glauben, sich telepathisch mit Walen / Delphinen verständigen zu können.

Wer einmal anfängt darauf zu achten, der wird feststellen, wie sehr Wale und Delphine die Menschen bewegen und berühren - und zwar auf sehr emotionale, schwer erklärbare Weise.

Wale und Delphine, das Meer und das Weltall

In einem Katalog für größere Ravensburger Puzzles von 1999 oder 2000 (leider sind keine genauen Angaben zu finden) sind 115 Puzzles abgebildet. Von diesen Puzzles sind auf 16 Wale oder Delphine zu sehen. Das ist eine ganze Menge, wenn man bedenkt, dass auf Puzzles alles nur Erdenkliche abgebildet werden kann - es gibt kaum eine Themenbegrenzung.

Puzzles sind übrigens eine bildliche Darstellung von Ganzheit: viele kleine Teile, mit nicht erkennbaren Inhalt, ergeben zusammen ein ganzes, wohlgeordnetes und ausgewogenes Bild.

Auf 6 dieser 16 Wal/Delphinbilder ist auch noch die Sonne mit abgebildet, und auf 6 (!) weiteren sind Planeten, meist in großer Zahl, zu sehen. Das Weltall ist zwar ein beliebter Hintergrund bei Puzzles, aber dennoch ist diese Verbindung Weltall - Wale auffallend.

In meinem Studium lernte ich, Objekte der Alltagskultur als Indikatoren, als Anzeiger, d.h. "Objektivationen" (Vergegenständlichungen) dahinter stehender Einstellungen zu erkennen. Durch die Homöopathie lernte ich ebenfalls auf Kleinigkeiten, die an und für sich unauffällig sind, aber bei näherer Betrachtung merkwürdig erscheinen, zu achten. Auch hier könnten diese Kleinigkeiten Hinweischarakter haben.

Deshalb begann ich mir Gedanken über einen Zusammenhang Wale und Weltall zu machen.

Beim Betrachten einer dieser Wal-Puzzle-Bilder (Titel: "Grenzenlose Weite" von Anthony Casay, 1993, Nr.155422) kam mir die Idee, ob über das Meer nicht Informationen über das Weltall "potenziert" und gespeichert werden könnten. Bereits heute gibt es in der Astronomie ernst zu nehmende Theorien, dass das Leben über Meteoriten oder kosmischen Staub durch das Weltall zu uns gekommen ist.

Vielleicht sind mit Meteoriten und interstellarem Staub nicht nur organische Molekülverbindungen zu unserer Erde gekommen, sondern viel umfassendere Informationen, die vom Meer potenziert, der Entstehung des Lebens dienten und später dessen Weiterentwicklung begünstigten. Vielleicht trägt sogar das Licht "homöopathische" Informationen. Zumindest gibt es - wenn auch wenig bekannt und kaum benutzt - homöopathische Mittel (Luna und Sol), die nur durch Bestrahlung mit Mond- bzw. Sonnenlicht gewonnen werden.

Man könnte dann die Frage erörtern, ob solche "homöopathischen" Informationen zufällig auf unsere Erde kamen, oder ob es intelligente Lebewesen in den Tiefen des Weltalls gibt, die solche Botschaften bewusst auf Materie (z.b. interstellaren Staub) packen können und so in die Weiten des Alls verschicken, in der Hoffnung, dass diese "Samenkörnchen" der Information irgendwo auf Bedingungen treffen, durch die sie potenziert werden und den Lebens-werdungs-Prozess in Gang setzen können. Eine Antwort auf diese Frage werden wir aber wahrscheinlich nicht so schnell finden.

Könnte es möglich sein, dass auch die Wale und Delphine "hellhörig" sind für die Informationen aus dem Meer und damit aus dem All?

In David Brins Sciencefiction Roman "Sternenflut" (Startide Rising, 1983) erobern Menschen zusammen mit Delphinen das Weltall, in dem es noch unzählige Wesen und Zivilisationen gibt. Ist es mehr als ein Zufall, dass er auf diese Idee kommt?

Könnte es sein, dass wir durch Wale und Delphine mit dem Weltall enger verbunden sind, als wir bisher annahmen? Denn die Potenzierung des Ozeanwassers z.B. durch Ambra, dürfte, falls sie existiert, weiterhin stattfinden. Und die Menschen pilgern jedes Jahr in Scharen zu den Meeren, um im Meereswasser ausgiebig zu baden.

Hören Sie sich Walgesänge oder Delphinlaute an, und betrachten Sie dazu Bilder aus dem Weltall. Ein eigenartiges Gefühl vertrauter Weite entsteht.

Ob meine hier angeführten Überlegungen ein Körnchen Wahrheit enthalten oder nicht - eines zeigt die Homöopathie auf jeden Fall: dass es Verbindungen und Informationen in unserer Welt gibt, über die wir noch so gut wie gar nichts wissen, und die uns möglicherweise tiefer mit allem vernetzen und alles zu einem umfassenderen Ganzen formen, als bis jetzt angenommen, in einer Weise, wie wir es bisher überhaupt nicht geahnt haben.

Die Welt ist noch voller Geheimnisse.

Literaturliste

Gawlik, Dr. Willibald:
Arzneimittelbild und Persönlichkeitsportrait
Stuttgart, 1.Aufl. 1990, 3. überarbeitete und erweiterte Aufl. 1999

Gilders, Michelle A.:
Reflections of a Whale Whatcher
USA Bloomington, Indianapolis, 1995

Lockie, Dr. Andrew & **Geddes,** Dr. Nicola:
Homöopathie. Das große Hausbuch der Heilverfahren bei häufig vorkommenden Erkrankungen. Prinzipien und Paxis der Behandlung
Original: "The Complete Guide to Homeopathy"
London 1995, deutsch: München 1996

Vithoulkas, Georgos:
Die wissenschaftliche Homöopathie. Theorie und Praxis naturgesetzlichen Heilens. Lehrbuch
Göttingen, Burgdorf 1986

Zeitschrift:

GEO-Wissen: Nr. 24, erschienen 2000, Ozean und Tiefsee:
Meister, Martin
War unser Ahn ein Wassertier?
S. 100 - 101

Leere Seiten

Möglichkeitenraum und Freiraum für Sie:

Notizen, eigene Gedanken, Einkleben von Texten, Fotos, Malen, Zeichnen, Brief schreiben (z.B. an jemanden, dem das Buch geschenkt wird), eigenen farbigen Fingerabdruck setzen, Kochrezepte erfinden, Meditieren, Betrachten und im Geist Fantasiebilder auf der leeren Fläche entstehen lassen, spontan Gedichte verfassen, und vieles mehr...

Die leere Seite lädt ein.

Möglichkeitenraum

Möglichkeitenraum

Möglichkeitenraum

Möglichkeitenraum